DISCOURS

PRONONCÉ

AU CIMETIÈRE D'IVRY

SUR LA TOMBE

DE ALBERT LE ROY

Le 30 Janvier 1879

PAR

M. André ROUSSELLE

SECRÉTAIRE GÉNÉRAL

DE LA SOCIÉTÉ POUR L'INSTRUCTION ÉLÉMENTAIRE

PARIS

IMPRIMERIE H. COUANON

67, RUE SAINT-JACQUES, 67

—

1879

DISCOURS

PRONONCÉ

SUR LA TOMBE

DE

Albert LE ROY

DISCOURS

PRONONCÉ AU CIMETIÈRE D'IVRY

Sur la tombe de M. ALBERT LE ROY

LE 30 JANVIER 1879

PAR M. ANDRÉ ROUSSELLE

SECRÉTAIRE GÉNÉRAL DE LA SOCIÉTÉ POUR L'INSTRUCTION ÉLÉMENTAIRE

~~~~~~~~~~~~~~

Mesdames, Messieurs, Citoyens, mes Frères.

Nous venons restituer à la terre un ami, un citoyen, un patriote, un homme.

M. Albert Leroy avait une haute intelligence et un grand cœur.

La nature l'avait doué des facultés les plus solides, les plus brillantes, qu'il avait entretenues, développées et perfectionnées, par un travail persévérant et une méditation assidue.

Esprit à la fois théorique et pratique, il s'est sans cesse élevé dans la région des principes, mais sans jamais quitter du pied le terrain de l'application. Il ne se contentait, ni de rêveries, ni de phrases, ni de mots; à sa conscience, éclairée par la science, par l'exercice, il fallait des faits positifs et des réalités vivantes.
~~~~~~~~~~~~~~

Sa vie entière a été dévouée à l'enseignement, et rien qu'à l'enseignement.

L'instruction, à ses yeux, était la seule voie sûre, pour arriver à la République, c'est-à-dire à l'épanouissement intégral de la nature humaine.

Croyant au progrès indéfini par la science, qui seule peut assurer la liberté morale et la justice sociale, et garantir ainsi le bien-être des citoyens, le bonheur des peuples, il s'était jeune encore consacré à l'instruction.

A l'heure où d'autres sortent à peine des bancs du collège, il était déjà agrégé des classes supérienres.

Il professait au lycée de Bordeaux, avec une distinction que tout le monde avait remarquée, et qui le désignait déjà pour un poste élevé dans l'Université, lorsque le crime de Décembre éclata comme un coup de foudre sur la France surprise et indignée.

Le jeune professeur, conséquent avec lui-même, et pratiquant le devoir comme il l'enseignait, refusa de prêter serment au parjure couronné, et descendit héroïquement de sa chaire.

Sa carrière était brisée, mais son honneur était sauf.

Ses camarades, Frédéric Morin, Eugène Despois et Jules Barni, nos amis, qui l'ont précédé dans la tombe, et qui étaient professeurs comme lui, ont su également sacrifier, avec un désintéressement stoïque, l'avenir brillant, qui s'ouvrait devant eux, à l'accomplissement d'un devoir de conscience.

Honneur, citoyens, à ces caractères fermes, dont le nombre est malheureusement trop rare, qui apprennent à ne pas désespérer de l'humanité, et qui prouvent par leurs exemples virils qu'un bon professeur est toujours doublé d'un excellent patriote.

Ceux-là sont plus grands, dans leur vie modeste, dont chaque pas est marqué par un service rendu à l'humanité, qne les Césars triomphants, qui ont été les fléaux de l'histoire et la honte de la nature humaine.

Descendu de sa chaire, M. Albert Leroy se livra à l'enseignement libre et privé.

Qui me dira le nombre des élèves que, pendant de longues années de durs labeurs, il arracha aux ténèbres de l'ignorance, pour les faire aborder aux champs de la lumière? Ils se comptent par milliers, ceux pour lesquels il se dépensa, se prodigua, s'épuisa. Il semblait, à voir son dévouement effaré — car il était toujours pressé — qu'il n'y eût de limites ni à ses forces, ni à son dévouement, ni à son cœur.

Sa réputation fut telle, que sa bonne volonté elle-même n'y put suffire, et qu'il dut s'adjoindre des collaborateurs, aussi éclairés, aussi ardents et aussi zélés que lui.

Malgré cette surcharge d'occupations, qui eût écrasé tout autre, notre ami trouvait encore le temps de se consacrer avec ardeur à des institutions d'un intérêt public.

C'est à lui qu'on doit la création de ces *Conférences de la rue de la Paix*, qui firent tant de bruit en leur temps, et qui furent le premier embryon de la parole publique et libre en France, au milieu du lugubre silence entretenu par la police impériale. Ce fut là dans cette rue de la Paix, que furent poussés, après bien des années d'attente, et le premier soupir de soulagement et le premier cri d'espérance. Les tracasseries et les persécutions de toute nature n'ont pas manqué à l'audacieux initiateur, et au dévoué importateur, en

France, des mœurs des pays libres. Ces temps malheureux sont déjà loin de nous.

Depuis, les conférences et les lectures publiques ont marché. Nous n'avons plus de gouvernement inquiet et ombrageux à outrance. Nous pouvons exprimer à peu près librement nos pensées ; mais n'oublions pas ceux qui, vivant dans des temps moins heureux, nous ont héroïquement frayé les voies, au prix de leur patrimoine, de leur liberté et de leur vie.

Non content de parler en France, avec toute sorte de sous-entendus et d'équivoques, rendus nécessaires par la crainte d'un éteignoir sans cesse menaçant, M. Albert Leroy, comme les patriotes d'alors, allait chaque année, respirer à l'étranger et soulager sa conscience, en fesant entendre sa libre parole,

Nous le voyons encore, dans les congrès de Bruxelles, Gand, Amsterdam, Berne et Genève, fesant vibrer avec force, les généreux accents de sa vive indignation contre les orateurs policiers, qui venaient nous surveiller et nous provoquer jusqu'à l'étranger, qui, à cette époque, nous était plus hospitalier que notre propre patrie. C'est dans ces congrès que nous échangions des sentiments et des idées, qui entretenaient notre foi républicaine, et qui nous aidaient à préparer et à attendre des jours meilleurs. C'est là, que le patriotisme contenu de M. Albert Leroy se donnait libre carrière. Vous vous en souvenez, n'est-ce pas, M. Auguste Marais, car vous n'étiez pas le dernier à applaudir aux succès de notre ami et à joindre vos généreux efforts aux nôtres !

De retour en France, après s'être retrempé auprès de peuples libres, Albert Leroy reprenait le cours de ses leçons, de ses conférences et de sa propagande. En respirant un air libre, il avait repris ses forces comme

Antée, le géant de la Fable, lorsqu'il touchait la terre.

La *Franc-maçonnerie*, la *Société des membres de l'enseignement*, et surtout la *Société pour l'Instruction élémentaire*. pourraient seules nous dire à quels prodiges incessants d'activité et de dévouement se livrait Albert Leroy, pour les faire vivre et prospérer. A un moment donné, et alternativement, on peut dire, qu'il a été l'âme de chacune de ces institutions. Je laisse à d'autres le soin de vous rappeler quel a été le rôle d'Albert Leroy, soit à *la Loge* 133, et plus tard au *Grand-orient de France*, soit à la *Société des membres de l'enseignement*, soit à *la mairie du* vi^e *arrondissement*, pendant le siège de Paris, etc.

Je dois me borner à vous faire connaître les services qu'il a rendus à la *Société pour l'instruction élémentaire,* services dont jamais nous ne perdrons le souvenir, nous qui en avons été les témoins émerveillés et reconnaissants.

C'est à notre Président et ami, M. Eugène Pelletan, qu'il appartenait de vous retracer, comme seul il le sait faire, l'éloqnent tableau des mérites et du dévouement de celui que nous venons de perdre. Malheureusement la crise politique qui vient, une fois encore, de se produire à Versailles, l'empêche, à son très-grand regret, de venir donner à la mémoire d'Albert Leroy un dernier témoignage d'estime et d'affection.

« Lui-même ne me pardonnerait pas, disait-il, hier, « de sacrifier un devoir patriotique, à des devoirs de « sentiment et de reconnaissance, et je crois être agré-« able à sa grande ombre, en fesant ce que lui-même « eût fait en pareille circonstance. »

M. Albert Leroy appartenait à notre société depuis 1861.

Il fut successivement et en très-peu de temps, **membre** du Conseil, secrétaire, Secrétaire général, Vice-président et Président. En 1867, il était véritablement l'âme de la société. Il m'avait fait admettre, dès 1863, comme son collaborateur. C'est ce qui m'a permis d'être letémoin et l'admirateur, pendant quinze ans, de son dévouement sans bornes et de **sa** dévorante activité.

Non-seulement il recrutait avec ardeur des adhérents et des participants à notre œuvre démocratique, mais il fesait des rapports remarquables sur les livres pédagogiques inspirés par l'esprit moderne, et signalait à notre attention les écoles primaires les mieux dirigées. Rien de ce qui intéresse l'enseignement libre et laïque n'échappait à son ardente sollicitude. Tous les instituteurs libres et laïques de Paris pourraient venir ici rendre un témoignage éclatant de ce que je rappelle.

C'est surtout à nos cours normaux, publics et gratuits, pour les dames, que M. Albert Leroy consacrait ses plus généreux efforts. Il considérait qu'il n'existe pas d'école normale pour les femmes, que le cléricalisme, pour les besoins de sa domination, a intérêt à diviser les familles, et qu'il importe, au contraire, à la démocratie, d'unir la famille, pour constituer solidement la cité, pour fortifier la patrie, et pour faire progresser l'humanité. Il faut avoir assisté à ces cours, faits avec autant d'art que de science, pour se rendre compte du sillon lumineux que notre regretté collègue a laissé après lui. Maintenant, la voie est ouverte. Il ne reste plus qu'à suivre ses traces, pour atteindre le but qu'il s'est proposé ! Heureusement, qu'il nous a laissé beaucoup de ses élèves, inspirés des mêmes sentiments, et des mêmes idées que lui, et qui sont ses dignes imitateurs.

Survinrent les événements de 1870, avec leurs terribles conséquences, fruits d'un long et honteux despotisme, la défaite, l'invasion, la guerre civile! Albert Leroy ne désespera pas de la France, parce qu'elle possédait la République, objet des efforts et des rêves de sa vie entière, et qu'elle avait en mains, par le levier de la liberté, les moyens de se libérer, de se relever et de reprendre la tradition nationale, interrompue par Thermidor, suivi de Brumaire.

Je n'ai pas à vous rappeler les efforts qu'il a faits en qualité d'adjoint à la Mairie du VIᵉ arrondissement, où je l'avais précédé, pour assurer et régulariser l'alimentation de notre héroïque cité. Tous les citoyens alors — nous pouvons hautement nous rendre ce témoignage, firent leur devoir, excepté ces chefs incapables, impuissants et traîtres, que nous avait légués cet Empire à jamais maudit.

Après ces longues et douloureuses épreuves, Albert Leroy reprit son œuvre interrompue. Il sentait que la démocratie, loin de s'endormir dans son triomphe, plus apparent que réel, devait se préparer à de nouveaux combats et à de nouvelles luttes. Il se dévoua plus que jamais à la diffusion de l'instruction, but de sa vie, et remède à nos maux.

Malheureusement, ses forces commencèrent à trahir son courage. Les vives émotions, par lesquelles il avait passé, avaient altéré sa santé qui paraissait si solide. Le cœur était toujours ardent, mais la fatigue était venue avec l'âge et avec les excès de travail.

L'Université, qui n'était plus entre des mains ennemies se souvint enfin de ce héros du devoir. La chaire de rhétorique au Lycée de Versailles fut enfin confiée à notre vaillant et regretté ami. C'était une maigre compensation pour toute une vie de dévouement et de sacrifice. M. Albert Leroy fut le seul à ne pas s'en plaindre. Il avait fait son devoir, simplement, pour obéir à la voix de sa conscience, sans espoir ni désir d'une autre récompense que la satisfaction du devoir accompli. D'autres, qui avaient beaucoup moins fait, retrouvèrent leur ardeur pour se livrer à la course des places. Ils finirent par rencontrer honneur et profit. Albert Leroy ne les envia jamais, car il lui eut fallu payer ces prétendus avantages, du sacrifice de son indépendance et de sa dignité.

Le aventuriers de mai, à qui toute parole libre fesait ombrage, mirent promptement à la retraite le professeur de Rhétorique du Lycée de Versailles.

Albert Leroy ne se découragea pas, et continua son apostolat pédagogique et démocratique, au Grand-orient de France et à la Société pour l'instruction élémentaire.

Des dernières années de M. Albert Leroy, que vous dirais-je, Messieurs, que vous ne sachiez aussi bien que moi. Il est mort, en quelque sorte sur la brèche. Il a enseigné, tant que ses forces lui ont permis de le faire, et ce n'est que lorsque sa poitrine affaiblie lui refusa un concours suffisant, que sa voix cessa d'éclairer nos concitoyens.

Aujourd'hui, vous n'êtes plus, mon cher Leroy! Vous ne viendrez plus nous éclairer de vos conseils si précieux et nous échauffer de vos exemples si nobles. Vous avez conquis un repos prématuré, mais bien mérité. De votre vie si remplie, vous avez consacré la meilleure part au bien public. La Cité, la Patrie et l'Humanité vous doivent des remerciements. Il eût été à désirer que les derniers instants de votre vie eussent été adoucis par la vue d'une République définitivement maîtresse d'elle-même, mais les destins jaloux en ont autrement décidé. Ce qui nous console dans notre inconsolable douleur, c'est que du moins vous avez pu entrevoir avant de fermer les yeux, l'aurore de cette démocratie, à l'avènement de laquelle vous avez consacré tous vos efforts.

Vous n'êtes pas mort tout entier. Le meilleur de vous subsiste. Vous vivez encore dans le cœur de tous ceux qui ont sû apprécier vos sacrifices et votre dévouement héroïque. Vous vivez surtout dans les actes que vous avez accomplis et dans les exemples que vous avez donnés. Les germes que vous avez jetés dans les intelligences fructifieront l'étincelle fraternelle que vous avez allumée dans les cœurs se propagera de proche en proche, et, grâce à vous, à vos amis, à vos imitateurs, l'humanité verra luire enfin le jour heureux, où la triple devise, si humaine, si naturelle et si logique : *liberté, égalité, fraternité*, ne sera plus composée de vains mots, mais de réalités vivantes.

Il n'y a pas de meilleure manière de vous témoigner une reconnaissance digne de vous, qu'en continuant avec plus d'ardeur que jamais l'œuvre à laquelle vous avez voué votre vie, et qui doit faire l'honneur ainsi que le bonheur de l'humanité !

Aussi, mon dernier adieu consistera dans le cri qui vous était si cher : *Vive la République!*

Paris.   Typ. H. Couanon, 67, rue St-Jacques

9 782329 293622